CATALOGUE D'UN TRES BEAU CABINET DE TABLEAUX.

Presque Tous des plus Grands Maîtres Flamands & Hollandois, rassemblés avec Soin,

Par Feu Monsieur & Mtre.

DAVID FIERS KAPPEYNE,

En son vivant, *Pensionnaire* de la Ville de *Middelbourg.*

La Vente s'en fera, le *Mardi* 25. d'*Avril* 1775. le Matin à Dix Heures Précises & l'Après diné à Trois Heures, chez ARNOLDUS DANCKMEYER, dans le Oudezyds Heeren Logement, à *Amsterdam.*

Par les Courtiers

JEAN DE BOSCH, JERONIMUSZ.
HENDRIK DE WINTER,
JEAN YVER
&
PIERRE MOEREL.

On pourra voir le Tout, un Jour avant la Vente,

Ce Catalogue se trouve chez PIERRE YVER *&* les Susdits Courtiers, *& dans les Principales Villes de l'*Europe,

A AMSTERDAM,

Chez PIERRE YVER, Marchand de Tableaux, de Desseins & d'Estampes.

AVERTISSEMENT.

La Vente commencera au Jour marqué, ſavoir, le Mardi 25 d'Avril, le Matin, à Dix Heures & l'Après-Midi, à Trois Heures ſonnantes.

Les Acheteurs ſeront obligés, ſuivant la Coûtume, de payer de Chaque Florin, un Sol de Droit d'adjudication, outre la Somme Entiere de ce qu'ils auront acheté, le Tout en Ryders ou Gros Argent Courant de ce Pays.

Les Tableaux ont été meſurés, ſans les Bordures, ſur le Pied d'*Amſterdam*, lequel eſt de 11 pouces.

N.B. Page 3. No. 4. Au lieu de BESCHEY. (J.) lisez: CORN. SCHUT.

Page 47. No. 99. Ce Morceau a été ci-devant, dans le Cabinet du Comte de Bruhl.

CATALOGUE
D'UN TRES BEAU
CABINET
DE
TABLEAUX.

A S. (P. VAN)

No. 1. *Tableau, peint sur Toile, haut de 20, large de 32 pouces.*

C'est un Paysage avec des Collines. On y remarque un Petit Ruisseau. On distingue, sur le Devant, un Homme à Cheval, allant à une Maison de Paysan. Ce Morceau est orné, de plus, de Boucs, de Moutons & de Diverses Figures. Le Tout est très naturellement représenté.

BAKHUIZEN. (LUDOLF)

2. *Peint sur Toile, haut de 32, large de 54 pouces.*

Ce Sujet est la Vue d'un Rivage, d'où

 l'on

l'on voit, ſur la Mer, un Vaiſſeau *de* Guerre Hollandois, nommé: *de Goude Leeuw*, que monte le Lieutenant-Amiral Cornelis Tromp qui le commande, de même que d'Autres Vaiſſeaux de Guerre qui forment la Flotte pour un Combat Naval. On diſtingue, ſur la droite, un grand nombre de Matelôts & d'Autres Gens de Mer, qui s'empreſſent à joindre la Flotte. Sur la gauche, on remarque des Soldats, qui, à l'ordre de leurs Officiers, s'avancent pour s'embarquer. On voit, ſur le Devant du Tableau, Pluſieurs Meſſieurs & Dames, qui conſiderent le Mouvement, que cauſe cet Embarquement. Le Tout eſt très fini & traité avec beaucoup d'Art. Le Clair-Obſcur, qui s'y trouve, au mieux, obſervé, ne contribue pas peu à augmenter infiniment le Mérite de ce Morceau.

BEGYN. (A.)

No. 3. *Peint ſur Bois, haut de 7, large de 9½ pouces.*

Un Payſage, dans lequel on voit, près de Quel-

Quelques Moutons, une Vache, debout, & un Berger qui s'appuie sur sa Houlette. Ce Morceau est bien exécuté.

BESCHEY. (J.)

No. 4. *Peint sur Cuivre, haut de 14, large de 11 pouces.*

Ce Morceau représente la Sainte Vierge, sur un Croissant & Couronnée. Elle est dans une Gloire. On voit, au bas, quelques Anges. Cette Piece est d'un Bon Ton de Couleur, d'un Colotis Agréable & très Fini.

BERGHEM. (C. P.)

5. *Peint sur Toile, haut de 54, large de 74 pouces.*

C'est un Paysage, avec de Hautes Montagnes. Il est orné de Bestiaux. On voit, sur le Second Plan, un Bâtiment, tombant en ruine &, dans le Lointain, la Vue d'une Ville, située sur le Bord d'une Riviere. Ce Morceau est bien éclairé du Soleil.

BLOEMAERT. (ABR.)

No. 6. *Peint sur Toile, haut de 40, large de 49 pouces.*

Ce Sujet représente une Histoire de la Grece. Les Figures en sont Agréables & très bien rendues.

BRAAY. (SALOMON DE)

7. *Ce Tableau est haut de 44, large de 46 pouces.*

Il représente un Magnifique Bâtiment, dans lequel on remarque Ulisse, à Table & servi par des Femmes Turques. On y voit Dircée, qui paroît s'entretenir avec ce Héros de la Grece; on y remarque, de plus, les Compagnons d'Ulisse. Ils sont Métamorphosés en Pourceaux & occupés à boire dans une Cuvette. Ce Morceau est d'une Belle Ordonnance, le Tout bien exprimé & d'un Coloris Vigoureux.

BREUGEL. (JEAN, surnommé DE VELOURS.

No. 8. *Peint sur Cuivre, haut de 8, large de 12 pouces.*

C'est la Vue d'un Village, au travers duquel il y a un Passage & une Riviere. Ils sont ornés de Figures & de Bateaux. Ce Morceau est très bien executé.

9. *Peint sur Cuivre, haut de 5½, large de 8½ pouces.*

Ce Tableau représente un Paysage Boisé. Il est orné de Diverses Figures. Morceau très terminé.

10. *Peint sur Bois, haut de 8, large de 10 pouces.*

C'est la Vue d'un Village du Brabant. Le Devant est orné de Figures, & d'un Chariôt. Il y a, vers la gauche, une Hauteur de Terre, sur laquelle on voit un Moulin. Ce Morceau est dans la Maniere de *Breugel.*

BREUGEL, d'Enfer.

No. 11. *Peint ſur Cuivre, haut de 9, large de 12 pouces.*

La Tentation de St. Antoine, repréſentée dans un Payſage Montagneux, vu par un Clair de Lune &, plus loin, on remarque l'Embraſement d'une Ville, au haut d'une Montagne. Ce Morceau eſt très bien peint & terminé.

BREUGEL & FRANCK.

12. *Deux Tableaux, de même grandeur, peints ſur Cuivre, de 7 pouces de hauteur, ſur 5 de largeur.*

Ce ſont Deux Sujets de la Fable, dont l'Un repréſente Andromede, attaché au Rocher. Morceaux bien exécutés & terminés.

BRIL. (PAUL)

13. *Peint ſur Cuivre, haut de 6, large de 8½ pouces.*

C'eſt Un très Beau Payſage, orné de Figures & de Beſtiaux. Ce Morceau eſt fort Fini.

BRU-

BRUNE'E. (C.)

No. 14. *Peint ſur Toile, haut de 20, large de 24 pouces.*

Un Payſage, orné, ſur le Devant, de quelque Gibier Mort. Ce Tableau eſt très terminé & naturellement rendu.

CAPELLE.

15. *Peint ſur Toile, haut de 32, large de 43 pouces.*

Ce Morceau repréſente une Mer Agitée, ſur laquelle on voit un Vaiſſeau, qui part à un temps fixé, avec des Paſſagers &, vers la gauche, ſur un Second Plan, on remarque le Château de *Rammekés*, devant lequel il y a un *Jacht* & un Autre Bâtiment à l'Ancre Ce Tableau imite très bien la Nature.

16. *Peint ſur Bois, haut de 13, large de 12 pouces.*

Un Calme. Sur le Devant du Tableau, on remarque, ſur l'Eau, un Petit Bateau & Quelques Pêcheurs. Ce Morceau eſt peint de même que le Précédent.

CARRE'.

No. 17. *Tableau Peint sur Cuivre.*

Ce Morceau représentè une Femme Gracieuse; elle est vue à mi-corps, assise devant une Table. Elle tient, d'une Main, un Verre &, de l'Autre, une Bouteille. Il est artistement peint.

COMPE. (JAN TEN)

18. *Peint sur Bois, haut de 17, large de 21 pouces.*

Vue Intérieure du *Beguinen Hof*, à *Amsterdam.* On y remarque l'Eglise Angloise & Diverses Maisons. Ce Morceau, dans lequel la Lumiere produit un Effet Agréable, est ingénieusement orné & on peut, avec raison, le considérer, comme une des Pieces les Meilleures de ce Maître.

CUYP. (ALBERT)

19. *Peint sur Bois, haut de 23, large de 33 pouces.*

Un Paysage, avec des Collines. Sur le De-

Devant, vers la gauche, on voit Trois Vaches, debout, dans l'Eau &, sur la droite, un Berger debout & un Autre qui se repose; ils sont accompagnés d'un Chien; plus loin, on remarque Quelques Moutons & des Boucs. Sur un Second Plan, on distingue, au dessus d'une Hauteur, Deux Vaches & Un Bouc. Le Tout est Beau & très naturellement représenté, dans ce Morceau.

DEELEN. (DIRK VAN)

No. 20. *Peint sur Bois, haut de 20, large de 19 pouces.*

Ce Morceau représente la Vue Intérieure d'un Palais, artistement rendu, suivant les Regles les plus exactes de la Perspective. Il est richement orné de Figures. On voit, dans ce Palais, sur la droite, un Monsieur & une Dame, qui sortent par une Porte, auprès de laquelle il y a un Valet. On remarque, au travers de la Porte, une Perspective Agréable. Ce Morceau est très bien executé & terminé.

DEELEN. (DIRK VAN)

No. 21. *Peint sur Toile, haut de 20, large de 29 pouces.*

Vue Intérieure d'un Bâtiment, orné de Figures. Il fait Partie d'une Maison de Campagne. Ce Morceau est aussi bien peint que le Précédent.

DOUW, (GE'RARD) ou, dans sa Maniere.

22. *Peint sur Bois, haut de 22, large de 18 pouces.*

On voit, dans ce Tableau &, dans l'Intérieur d'un Appartement, un Médecin, debout, tenant un Urinal à la Main. Il est vis-à-vis d'un Pupître, sur lequel on remarque un Livre & une Tête de Mort, à côté du Pupître, il y a une Femme Agée, debout, qui paroît chagrine, en entendant la Décision du Médecin. On remarque, de plus, une Ballustrade, sur laquelle on distingue un Livre Ouvert, un Mortier, un Globe & d'Autres Accessoires. Ce Morceau est Cintré par le haut; on y apperçoit aussi un Rideau relevé. Ce Tableau est d'un grand fini,

fini, d'une Belle Ordonnance & d'un Coloris Agréable.

DOUW. (S. VAN)

No. 23. *Peint sur Toile, haut de 29, large de 41 pouces.*

Un Paysage, où l'on voit un Départ pour la Chasse, consistant en quelques Messieurs & Dames, à Cheval. Ce Morceau est d'une touche vigoureuse & peint avec esprit.

DUC, (LE) ou KIK.

24. *Peint sur Bois, haut de 17, large de 15 pouces.*

Un Corps de Garde, où l'on voit Plusieurs Officiers &, de plus, Quelques Instruments de Guerre. Ce Tableau est très naturellement rendu.

DUC. (LE)

25. *Tableau Peint sur Bois.*

Un Paysage, où est représentée une Bergere. Ce Morceau est fini & bien peint.

DU-

DUSART. (CORNELIS)

No. 26. *Peint ſur Bois, haut de 19, large de 16 pouces.*

Ce Morceau repréſente l'Intérieur d'une Auberge. On y voit, dans une Chambre, un Payſan & une Payſanne, qui danſent au ſon d'un Violon, dont joue un Homme monté ſur un Banc & qu'on remarque ſur la droite; il y a près de lui, un Payſan, aſſis ſur une Chaiſe, de plus, un autre Payſan, accompagné d'une Payſanne, qui ſont debout. Sur la gauche, on diſtingue Deux Enfants, qui jouent & Pluſieurs Autres Perſonnages, qui paroiſſent ſe réjouir. On voit auſſi, par une Porte ouverte, une Agréable Perſpective. Les Attitudes & les Caracteres ſont rendus très comiquement & au plus naturel; tout y eſt plein de vie & d'expreſſion. Enfin, pour en faire l'éloge qu'il mérite, on peut dire que ce Morceau égale les plus beaux Tableaux d'*Ad. van Oſtade.*

FARGUE. (J. B. DE LA)

No. 27. *Peint sur Bois, haut de 25, large de 36 pouces.*

Une Vue à *la Haye*, nommée: *de Koekamp*, où l'on voit un Exercice de Cavalerie & Nombre de Spectateurs. Le Tout est très naturellement représenté & bien rendu.

FRANKS.

28. *Peint sur Cuivre, haut de 12, large de 15½ pouces.*

Un Paysage, où l'on voit Une Femme assise, avec Deux Enfants, devant une Maison &, auprès, Plusieurs Autres Figures; on remarque, de plus, un Homme, à Cheval &, dans le Lointain, Quelques Montagnes. Morceau bien terminé.

FYT. (JEAN)

29. *Peint sur Toile, haut de 62, large de 46 pouces.*

Dans ce Tableau, d'une Ordonnance Agréable, on remarque une Table couverte d'un d'un Tapis, sur laquelle il y a une Corbeille, avec Divers Fruits, comme Raisins, Pêches, &c. On y voit, de plus, du Gibier Mort, comme un Liévre, des Perdrix, & des Canards. Le Tout est fort bien & très naturellement peint.

GELDER. (A. DE)

No. 30. *Peint sur Toile, haut de* 44, *large de* 58 *pouces.*

Ce Morceau représente Joseph, comme Gouverneur de l'Egypte. Il est très richement habillé & assis sur un Trône; il tient, à la Main, la Coupe d'Argent, qui a été trouvée dans le Sac de Benjamin; on y remarque, de plus, ses Freres qui sont prosternés devant lui &, dans l'Attitude la plus humble. Ce Tableau, qui est peint dans la Maniere de *Rembrandt*, est d'un Ton Agréable de Couleurs & d'un très Beau Fini.

GE-

GERARDS.

No. 31. *Peint sur Toile, haut de 19½, large de 25 pouces.*

Vue d'une Maison de Campagne. On remarque, sur le Devant, Quelques Messieurs & Dames, tant assis, que debout, près d'une Table couverte, où l'on voit Diverses Sortes de Fruits. Très Beau Morceau, dans lequel Tout est rendu très naturellement.

GRIFFIER. (JEAN)

32. *Peint sur Toile, haut de 27, large de 33 pouces.*

C'est une Vue de Village, au Bord du Rhin. On y remarque, sur la gauche, Plusieurs Villageois & Villageoises, qui se réjouissent à danser & à chanter, devant une Auberge. On apperçoit, sur le Fleuve, Différentes Barques &, dans le Lointain, de Hautes Montagnes. Ce Morceau est d'une Belle Ordonnance & d'un Effet Charmant.

GUI-

GUIDO-RENI.

No. 33. *Peint ſur Toile, haut de 27, large de 19 pouces.*

Ce Morceau repréſente Lucrece ſur un Lit de Repos; elle ſemble s'enfoncer le Poignard dans le Sein. Il eſt artiſtement & vigoureuſement peint.

HEEM. (DE)

34. *Peint ſur Toile, haut de 22, large de 37 pouces.*

On voit, dans ce Morceau, une Table, ſur la quelle il y a une Corbeille, avec des Fruits, de plus, un Melon Entamé, un Jambon & du Pain; on y remarque, encore, un Moutardier d'Argent. Le Tout eſt très naturellement rendu & bien peint.

HEEMSKERK.

35. *Peint ſur Bois, haut de 14, large de 11½ pouces.*

On voit, dans une Maiſon de Payſan, un Cordonnier à ſon travail; on remarque, auprès

près de lui, sa Femme donnant le Sein à à son Enfant. Ce Morceau est très bien peint.

HEUS. (DE)

No. 36. *Peint sur Bois, haut de* 14, *large de* 18 *pouces.*

Ce Morceau représente, sur la gauche, une Auberge, en Italie, devant laquelle paroît un Homme, qui a l'air content & qui tient, d'une Main, une Bouteille &, de l'Autre, un Verre rempli de Vin Rouge. Il est accompagné d'une Femme. On distingue, sur le Second Plan, Plusieurs Personnes en joie; elles sont à Table, sous un Auvent; on voit, de plus, l'Hôte, qui tient un Plat & une Bouteille & qui descend l'Escalier. Sur le même Plan, vers la droite, devant un Bâtiment, on remarque quelques Chevaux, près d'un Puits. Très Beau Tableau & Fini, représentant un Beau Jour d'Eté.

HEUS. (DE)

No. 37. *Peint ſur Bois, haut de* 10, *large de* 11 *pouces.*

C'eſt un Payſage Montagneux, où l'on voit un Chaſſeur à Cheval, accompagné de quelques Chiens. Ce Morceau eſt très orné & bien peint.

HOET. (GE'RARD)

38. *Peint ſur Toile, haut de* 13, *large de* 16 *pouces.*

Une Sainte Famille, repréſentée dans un Payſage. Les Figures en ſont très Agréables & finies. C'eſt un des Meilleurs Morceaux, qui ſoient ſortis des Mains de ce Maître.

HONDEKOETER. (MELCHIOR DE)

39. *Peint ſur Toile, haut de* 39, *large de* 31 *pouces.*

Un Payſage. On y voit repréſenté un Coq qui chante, auprès duquel il y a une gran-

grande Poule blanche & Quelques Poussins. Ce Morceau est d'une Touche Vigoureuse.

HONDEKOETER. (MELCHIOR DE)

No. 40. *Peint sur Toile, haut de 34, large de 29 pouces.*

Un Coq debout, avec Quelques Canards, dans un Paysage. Ce Morceau est d'une Touche Spirituelle & bien exécuté.

JANSON. (J.)

41. *Peint sur Bois, haut de 13, large de 14 pouces.*

Vue d'une Partie des Remparts de la Ville d'*Utrecht*. Morceau peint d'après Nature & terminé.

JARDIN. (CHARLES DU

42. *Peint sur Toile, haut de 12, large de 14 pouces.*

Ce Morceau représente un Agreable Paysage, où l'on voit un Berger appuyé sur sa Houlette; il tient en Laisse, un Chien, il paroît s'entretenir avec une Femme qui porte, te, fur fa Tête, un Panier, avec des Herbages ; elle eft accompagnée d'une Autre Femme, devant laquelle, il y a un Bouc &, derriere elle, quelques Moutons. Ce Morceau, qui eft un des Meilleurs de ce Maître, eft tranfparent & produit un Bel Effet de Lumiere.

JARDIN. (CHARLES DU)

No. 43. *Peint fur Bois, haut de* 10, *large de* 12 *pouces.*

Un Payfage Montagneux, où l'on remarque une Riviere, avec un Courant; on y voit Quelques Petits Bateaux & des Pêcheurs fur le Bord de la Riviere. Ce Morceau, qui eft agréablement éclairé par le Soleil, eft très naturellement rendu.

JONG. (L. DE)

44. *Peint fur Bois, haut de* 18, *large de* 21 *pouces.*

On voit, dans l'Intérieur d'une Chambre, un Monfieur, affis à une Table; il tient un Verre de Vin, à la Main. On remarque, à

cô-

côté de la Table, l'Hôte, qui a la Main posée sur une Pinte d'Etain, à Vin. Dans un Second Plan, on apperçoit une Femme & un Jeune Homme auprès de la Cheminée. La Chambre est fort joliment Meublée. Ce Morceau est bien peint & terminé.

JONG (L. DE)

No. 45. *Peint sur Bois, haut de* 14, *large de* 11 *pouces.*

Une Tabagie, où l'on voit assis, auprès d'un Tonneau, un Paysan, tenant une Pipe à la Main & qui chante; il y a, sur le Tonneau, une Cruche à Biere; on remarque, sur la gauche, un Garçon, la Bouche ouverte, & qui semble chanter. Plus loin, on apperçoit un Paysan, qui entre dans la Chambre. Ce Morceau est orné & peint de même que le Précédent.

JORDAANS. (JACOB)

46. *Peint sur Toile, haut de* 69, *large de* 94 *pouces.*

Ce Tableau représente les Quatre Peres de

de l'Eglise. On y voit St. Augustin, assis devant une Table, sur laquelle il y a un Livre ouvert. Il est revêtu de ses Habits Pontificaux, ayant une Mitre sur la Tête. On remarque, à côté de lui, St. Jérôme, St. Grégoire & St. Ambroise, qui sont assis. Il y a, derriere eux, Deux Enfants qui tiennent la Crosse. Tableau d'un Bel Effet & d'un Coloris Vigoureux.

JORDAANS. (JACOB)

No. 47. *Peint sur Toile, haut de 47, large de 55 pouces.*

Une Sainte Famille. On voit dans l'Intérieur d'un Appartement, la Vierge, l'Enfant Jésus & Joseph; il y a, à côté d'eux, Ste. Elisabeth & S. Jean. Ce Tableau est vigoureusement peint.

KONING. (PH. DE)

48. *Peint sur Bois, haut de 12, large de 9½ pouces.*

Le Portrait d'un Vieillard. Il est représenté assis, ayant la Tête couverte d'un Bonnet

net Fourré. Il eſt bien peint comme le Précédent.

LAIRESSE. (GERARD DE)

No. 49. (*Peint ſur Bois, haut de* 38, *large de* 74 *pouces.*

Le Sujet repréſente le Mariage de Jacob, avec Rachel, Seconde Fille de Laban. On voit ce Dernier, vers la gauche, tenant Jacob, par la Main. Il ſemble le préſenter à Rachel, laquelle eſt accompagnée de ſa Soeur Léa. Sur la droite, on remarque les Serviteurs de Jacob, abreuvant leurs Troupeaux au Puits. Plus loin, ſur un Second Plan, on diſtingue un Bâtiment Antique. Ce Précieux Morceau eſt d'une Grande & Riche Ordonnance, d'un Ton Argentin, qui le rend très Agréable & très Intéreſſant par la Variété des Objets qu'il renferme.

LIMBURG. (HENRI VAN)

50. *Peint ſur Toile, haut de* 56, *large de* 64 *pouces.*

Beau Tableau, exécuté dans la Maniere

de *Paul Potter*. On y voit un grand Taureau, attaqué par Six Chiens; on remarque, de plus, vers la droite, Deux Chaſſeurs à Cheval, ils ont, l'Un & l'Autre, un Couteau de Chaſſe à la Main & paroiſſent prêts à tomber ſur cet Animal. La Fureur & l'Animoſité ſont repréſentées, au plus naturel, dans ce Morceau, où les Coups de Pinceau ſont exprimés avec une Vigueur peu commune.

LINGELBACH. (JEAN)

No. 51. *Peint ſur Toile, haut de* 31, *large de* 50 *pouces.*

Ce Morceau repréſente la Partie d'un Marché, en Italie. Il eſt orné, ſur le Devant, de Payſans & de Payſannes, qui ſe réjouiſſent à danſer au ſon des Inſtruments; il y a, de plus, Divers Autres Acceſſoires Agréables & l'on remarque, dans le Lointain, quelques Bâtiments. Ce Tableau eſt d'une grande beauté & agréablement éclairé par la Lumiere du Soleil.

LIS.

LIS. (JEAN)

No. 52. *Peint ſur Bois, haut de 14, large de 17 pouces.*

Un Bain de Diane. On y voit pluſieurs Nymphes qui ſe baignent. Ce Morceau eſt délicatement peint & avec art, bien exécuté & fini.

LOIR.

53. *Peint ſur Toile, haut de 29, large de 24 pouces.*

Une Sainte Famille. Ce Morceau eſt vigoureuſement peint &, dans la Maniere de *Carlo Maratte.*

LOTTI. (CARLO)

54. *Peint ſur Toile, haut de 44, large de 33 pouces.*

Pan, Fils de Mercure, Dieu des Campagnes & particuliérement des Bergers. Il eſt réprésenté, à mi-corps, de grandeur naturelle & tient une Flûte, de la Main gau-

 che.

che. Ce Tableau est peint avec Esprit & d'une Belle Touche.

LUBIENIETZKI. (C.)

No. 55. *Peint sur Toile, haut de* 21½, *large de* 18 *pouces.*

Une Ecole de Village. On voit, sur la gauche, le Maître d'Ecole, assis auprès d'une Table, couverte d'un Tapis Verd, sur laquelle il y a un Pupître, avec une Bible ouverte. On y distingue, de plus, une Ecritoire, un Sablier & d'Autres Accessoires. Derriere & près du Maître, on apperçoit un Garçon qui étudie sa Leçon. L'on remarque, devant le Maître, un autre Garçon, dont il tient la Main, pour lui donner une Ferrule, parce qu'il n'a pas sû sa Leçon, & il y a, auprès, une Fille, qui paroît sa Sœur & qui semble pleurer, pour le Châtiment que son Frere va subir. On voit, de plus, par une Porte ouverte & par des Fenêtres, quelques Arbres. Morceau bien composé, dont le Ton est Harmonieux, d'un d'un Bel Effet & un des Meilleurs de ce Maître.

LUNDENS.

No. 56. *Peint ſur Toile, haut de* 15, *large de* 20 *pouces.*

La Vue d'un Village. On remarque dans ce Tableau, Pluſieurs Payſans & Payſannes, qui danſent & ſe réjouiſſent, devant une Auberge. Le Tout y eſt naturellement répréſenté & très bien peint.

MATTHIE. (P.)

57. *Peint ſur Toile, haut de* 24, *large de* 40 *pouces.*

Vénus, ſur ſon Char. Elle eſt accompagnée de Quelques Tritons. Morceau, très bien peint & d'un Coloris Vigoureux.

MOLENAAR. (J. M.)

58. *Peint ſur Bois, haut de* 25, *large de* 34 *pouces.*

L'Intérieur d'une Maiſon de Payſan, où l'on voit une Femme qui fait des Gâteaux à la à la Poële; elle eſt réprésentée, vers la gauche & elle eſt accompagnée d'un Vieillard qui tient un Enfant, ſur ſes Genoux. On diſtingue, vers la droite, Quelques Jeunes Garçons & Filles, qui ſe réjouiſſent à jetter des Noix, contre une Natte, que l'on voit dreſſée contre un Tonneau. Ce Morceau eſt d'une grande beauté & vigoureuſement peint.

MOLENAAR. (J. M.)

No. 59. *Peint ſur Bois, haut de* 16½, *large de* 12½ *pouces.*

L'Intérieur d'une Chambre, où l'on voit un Monſieur aſſis, auprès d'une Table, avec une Dame à laquelle il paroît faire la Cour; on apperçoit, à côté de la Table, un Vieillard, avec une Bourſe & quelques Pieces d'Or. La Chambre eſt ornée de Tableaux & d'Autres Acceſſoires. Ce Morceau eſt terminé & très bien peint.

MO-

MOLENAAR. (KLAAS)

No. 60. *Peint ſur Bois, haut de* 4½, *large de* 6½ *pouces.*

Ce Tableau repréſente un Divertiſſement d'Hiver, ſur la Glace. Il eſt très naturellement repréſenté & fort bien exécuté.

MOLENAAR. (J.)

61. *Peint ſur Cuivre, haut de* 7½, *large de* 6 *pouces.*

Un Concert de Trois Payſans & d'Une Payſanne. Morceau, en Ovale, joliment peint.

MONIE. (LOUIS DE)

62. *Peint ſur Bois, haut de* 13, *large de* 10 *pouces.*

Ce Tableau repréſente une Fille, d'une Figure Gracieuſe, laquelle eſt dans une Niche; elle tient un Seau, où elle a des Bonbons de la St. Nicolas; il y a, derriere elle, un Garçon, qui porte, ſur la Tête, une Corbeille, remplie de même & un Soulier,

à la

à la Main; sur un des Côtés de la Niche, on voit une Cage à Oiseau. Ce Morceau est très Beau, bien peint & fort Fini.

MONIE. (LOUIS DE)

No.63. *Peint sur Bois, haut de 14, large de 11½ pouces.*

On voit, dans un Appartement, une Dame Gracieuse; elle est représentée assise devant une Table couverte d'un Tapis. On remarque, sur la Table, une Lettre écrite; on distingue, plus loin, un Valet, qui apporte une Chandelle Allumée. Ce Morceau est très bien peint & terminé.

64. *Peint sur Bois, haut de 12½, large de 11 pouces.*

On voit une Femme, qui donne le sein à son Enfant. Elle est représentée dans une Chambre joliment ornée. Ce Morceau est peint & fini comme le Précédent.

MOOR.

MOOR. (LE CHEVALIER CHARLES DE)

No. 65. *Peint ſur Cuivre, haut de 17, large de 14 pouces.*

Un Payſage. Sur le Devant, on remarque une Dame Gracieuſe, accompagnée d'un Monſieur, avec lequel elle paroît s'entretenir; elle porte un Habillement fort riche. Ce Tableau eſt très bien éxécuté & d'une bonne Couleur.

66. *Peint ſur Toile, haut de 53, large de 71 pouces.*

Ce Tableau repréſente une Famille. L'Ordonnance en eſt de Quatre Figures, dans un Payſage. Il eſt d'un Coloris Agréable & d'une Touche Vigoureuſe.

MORO. (ANT. DE)

67. *Peint ſur Bois, haut de 13½, large de 9½ pouces.*

Ce Morceau repréſente un Homme de conſidération, dans un Habillement Eſpagnol, ou Italien. Il eſt repréſenté juſqu'aux Genoux, vu de face & debout, ayant une To-

Toque ſur la Tête. Il a la Main Gauche poſée ſur une Table & la Droite, ſur le Côté. Morceau d'un grand fini & qui a beaucoup de rapport à la délicateſſe du Pinceau d'*Holbeen*.

NEER. (E. VAN DER)

No. 68. *Peint ſur Toile, haut de* 13½, *large de* 17 *pouces.*

La Vue d'un Bois. Sur le Premier Plan du Tableau, l'on remarque des Fleurs & des Chardons, plus loin, un Vieillard, auprès d'Une Vache debout & de Deux Moutons Couchés &, dans le Lointain, on apperçoit un Monſieur & une Dame, qui ſe promenent. Morceau d'une grande vérité & bien éclairé par le Soleil.

NETSCHER. (GASPAR)

69. *Peint ſur Bois, haut de* 17, *large de* 14 *pouces.*

Une Aimable Dame. Elle eſt vêtue d'une Robe de Satin Rouge & aſſiſe devant une

une Table couverte d'un Tapis. Morceau bien terminé & d'un Coloris Agréable.

No. 70. Un Pendant. Il repréſente une Autre Dame aſſiſe devant une Table couverte d'un Tapis. Ce Morceau n'eſt pas moindre que le Précédent.

OSTADE. (ADRIEN VAN)

71. *Peint ſur Bois, haut de 14, large de 11 pouces.*

Un Payſan, que l'on voit, par une Fenêtre, à mi-corps; il tient à la Main, un Pot à Biere. Ce Morceau eſt d'un Pinceau Ferme & d'un Bel Effet de Couleur.

OSTADE. (ISAAC VAN)

72. *Un Tableau, haut de 16½, large de 26 pouces.*

Il repréſente un Divertiſſement d'Hiver. On voit, ſur le devant, Quelques Payſans & un Cheval qui mange hors d'un Sac; on remarque, vers la droite, ſur la Glace, Quelques Perſonnages qui s'amuſent à jouer à la Croſſe & Différentes Perſonnes qui se promenent. Ce Morceau est extrêmement Achevé, très Spirituel & un des Meilleurs qui soient connus de ce Maître.

OSTADE. (ISAAC VAN)

No. 73. *Peint sur Bois, haut de 23, large de 30 pouces.*

Un Paysan, occupé à nettoyer un Cochon, qu'il vient de tuër. Il est entourré de Quelques Spectateurs. Morceau naturellement représenté & bien terminé.

PYNACKER. (ADAM)

74. *Peint sur Toile, haut de 42, large de 32 pouces.*

C'est un Paysage, avec de très Hautes Montagnes. Sur le Devant &, vers la droite, on remarque une Vache, debout, tout-à-fait à l'Ombre, excepté qu'une petite partie de derriere de cet Animal se trouve éclairée par un Rayon du Soleil, ce qui produit un Effet Naturel & Agréable. On voit, sur un Second Plan, un Berger & une Bergere, qui sont près d'une Vache Couchée & d'une d'une Autre, debout. Plus loin, vers la gauche, il y a quelques Maiſons de Payſans, au pied de Hautes Montagnes &, de plus, une Perſpective Agréable. Tout eſt repréſenté au plus naturel, dans cet Excellent Morceau, par la Lumiere & les Reflêts du Soleil, qui produiſent un Effet Charmant & Admirable.

PYNACKER & VAN DER DOES.

No. 75. *Peint ſur Toile, haut de 37, large de 44 pouces.*

Un Payſage. On y voit Quelques Femmes, qui conduiſent des Beſtiaux, parmi leſquels il y a un Bœuf Roux; on y remarque, auſſi, Pluſieurs Moutons & l'on diſtingue, dans le Lointain, un Pont, ſur une Riviere. Ce Morceau, où l'Effet du Soleil eſt charmant, ainſi que l'éxécution du Tout, eſt digne de ces Deux Excellents Peintres.

POELENBURG. (CORNEILLE)

No. 76. *Peint sur Bois, haut de 32, large de 58 pouces.*

Une Agréable Vue de Paysage, où l'on remarque, sur la gauche, une Danse de Quelques Nymphes & de Satyres, près desquels on distingue divers Bestiaux. Il y a, de plus, de grands Arbres plantés sur de Hautes Montagnes. Plus loin, vers la droite, on apperçoit d'Autres Nymphes qui forment une Danse, près d'un Pont, qui est sur un Ruisseau, avec un Courant; on voit, aussi, les Ruines d'un Bâtiment &, au milieu du Tableau, un Lointain Agréable. Ce Morceau, où le Soleil fait un Effet Admirable, est très bien peint & très fini.

77. *Peint sur Cuivre, haut de 10, large de 9 pouces.*

C'est un Paysage Montagneux. On y voit Adonis qui apperçoit Vénus Endormie. Elle est accompagnée d'un Petit Amour. De Hautes Montagnes terminent l'Horizon de ce Tableau, qui est d'un Précieux Fini.

POT-

POTTER. (PAUL)

No. 78. *Peint sur Toile, haut de 14, large de 17 pouces.*

La Vue Agréable d'une Prairie, dans laquelle on distingue, sur le Devant, une Vache, debout, qui paroît assoupie, devant une Barriere; plus loin, vers la gauche, on apperçoit une Vache debout, une Autre Couchée & Quelques Moutons; de plus, dans le Lointain, on découvre une Eglise, entre des Arbres Touffus. La Nature des Objets est fort naturellement rendue dans cette Piece. Ce Morceau, est d'une grande vérité & très bien peint.

79. *Peint sur Toile, haut de 46, large de 77 pouces.*

Un Paysage, dans lequel on remarque Deux Messieurs, à Cheval, devant une Auberge, dont on voit l'Hôte, leur verser un Verre de Vin. Il y a, de plus, un Chariôt avec des Passagers, lequel est aussi arrêté devant la Même Auberge. Tout est naturellement rendu, dans ce Morceau & très bien peint.

RAVESTYN.

No. 80. *Peint sur Bois, haut de 25, large de 35 pouces.*

L'Intérieur d'une Maison de Paysan, où l'on remarque une Paysanne qui récure un Chauderon; plus loin, on y distingue Quelques Bestiaux. Ce Tableau est peint comme dessus.

REMBRANDT.

81. *Peint sur Bois, haut de 16, large de 21 pouces.*

L'Intérieur d'une Chambre, dans laquelle on voit un Vieillard auprès du Feu, sur lequel pend un Chauderon; il y-a, plus loin, une Vieille Femme assise & occupée à filer, auprès d'une Fenêtre. Ce Morceau, qui est très Beau, dans toutes ses Parties, imite très bien la Nature.

REM-

REMBRANDT.

No. 82. AUTRE *peint sur Bois, haut de 26, large de 21 pouces.*

Un Portrait d'Homme, en Buste, de grandeur naturelle; il a la Tête couverte d'un Chapeau & il porte une Fraise autour du Col. Ce Tableau, qui est de Forme Ovale, est bien peint & très artistement rendu.

83. *Peint sur Bois, haut de 25, large de 18½ pouces.*

Portrait d'une Femme. Il est en Ovale, bien peint & d'un Coloris Vigoureux.

RING. (DE)

84. *Deux Morceaux, peints sur Bois, dont Chacun est haut de 14½ large de 13 pouces.*

Ils représentent des Fruits, très naturellement rendus.

RUISDAAL (J.)

85. *Peint sur Toile, haut de 15, large de 13½ pouces.*

Ce Morceau représente une Vue de Cam-

 pagne,

pagne, laquelle s'étend jusqu'à la Ville d'*Harlem*, que l'on distingue, dans le Lointain. Il est naturellement & bien rendu.

RUISDAAL. (J.)

No. 86. *Un Autre Morceau, peint sur Bois, haut de 23, large de 28 pouces.*

C'est la Vue Intérieure d'un Village, très naturellement représenté & d'un Pinceau Vigoureux.

SCHALKEN. (GODFRIED)

87. *Peint sur Toile, haut de 17, large de 12 pouces.*

Une Dame, dans un Paysage; elle a la Tête couverte d'un Petit Chapeau; vers la droite &, sur le devant, elle est représentée assise & vue de profil. Elle a la Main Gauche posée sur une Butte de Terre, sur laquelle on remarque une Corbeille avec des Fleurs. Ce Morceau est extrêmement fini & délicatement peint.

SCHEL-

SCHELLINGS. (W.)

No. 88. *Peint sur Toile, haut de* 18½, *large de* 21 *pouces.*

Un Paysage Agréable. On y voit, sur le Devant, une Dame, à Cheval & un Cavalier, debout, auprès d'un Cheval sellé. On remarque, plus loin, quelques Pêcheurs, qui retirent une Seine de l'Eau & un Monsieur qui tire sur Deux Canards qui sont dans la Riviere. Le Tableau est terminé par un Beau Lointain. Le Tout est bien peint, très fini, produit un Grand Effet & est très naturellement rendu.

SNYDERS & RUBBENS.

89. *Peint sur Toile, haut de* 34, *large de* 40 *pouces.*

C'est une Chasse au Cerf. Cet Animal est suivi de plusieurs Chiens &, dans le Lointain, on apperçoit un Monsieur & une Dame à Cheval. Ce Morceau est vigoureusement peint.

SNYDERS & RUBBENS.

No. 90. *Peint sur Toile, haut de 31, large de 39 pouces.*

Un Payſage, où l'on voit un Héron, attaqué par des Chiens. Ce Morceau eſt executé comme deſſus.

STEEN. (JEAN)

91. *Peint ſur Bois, haut de 25, large de 21 pouces.*

L'Intérieur d'un Appartement. On y remarque une Dame, d'une Figure Gracieuſe, debout, devant un Clavecin; on voit, à côté d'elle, un Monſieur aſſis ſur un Coffre; il a le Bras poſé ſur le Clavier, &, de la Main, il tient un Verre de Vin. On diſtingue, devant lui, un Chien &, plus loin, on apperçoit, devant une Fenêtre ouverte, une Femme qui pele une Pomme &, dans le Fond, Quelques Autres Figures. Ce Très Beau Morceau eſt un des plus Finis & des mieux peints de ce Maître.

STEEN. (JEAN)

No. 92. *Autre Morceau, peint ſur Bois, de même hauteur & largeur, que le Précédent.*

Vue Intérieure d'une Maiſon. On remarque, par la Porte ouverte d'une Chambre à coucher, une Dame, qui ſemble, en mettant ſes Bas, ſe diſpoſer à quitter le Lit; elle eſt vêtue d'un Caſaquin de Satin Rouge Clair, bordé de Fourrure. Il y a, auprès du Lit, une Table couverte d'un Tapis, ſur laquelle on voit une Boîte à Bijoux & un Chandelier de Nuit. L'Ordonnance de ce Morceau eſt très Agréable & ce Tableau n'eſt pas moins Excellent, que le Précédent.

93. *Peint ſur Bois, haut de 15, large de 12½ pouces.*

L'Intérieur d'une Maiſon de Payſan, où des Payſans & des Payſannes paroiſſent faire une Noce. Ils ſont tous aſſis à une Table Couverte, au bout de laquelle, ſur le Devant, on remarque une Dame, bien habillée & devant laquelle il y a un Homme, debout, qui lui préſente un Verre de Vin &, au travers

vers de la Porte, on distingue une Perspective Agréable. Ce Morceau, qui est très Beau, fort Fini & d'une grande vérité, est très bien peint.

STEEN. (JEAN)

No. 94. *Peint sur Toile, haut de* 17, *large de* 21 *pouces.*

On remarque, dans une Auberge de Paysans, l'Hôte, qui tient, d'une Main, une Pinte &, de l'Autre, un Verre; il y a, plus loin, Deux Paysans, assis à une Table &, derriere eux, un Homme qui joue du Cistre, Instrument dont on se sert en Italie. Ce Morceau est d'une Touche Spirituelle & joliment peint.

STORK. (A.)

95. *Peint sur Toile, haut de* 27, *large de* 40 *pouces.*

Vue du Port, devant la Ville d'*Amsterdam*, nommé l'Y. Sur le Devant, on remarque une Cague qui serre le Vent. On distingue, plus loin, un Vaisseau de Guerre, al-

allant à la Voile, suivi d'une Chaloupe, rempli de Gens de Mer. On apperçoit, dans le Lointain, la Tour d'un Village, nommé *Raarop*. Très Beau Morceau & bien naturellement peint.

SCHULZ.

No. 96. *Peint sur Bois, haut de 15, large de 17 pouces.*

Une Très Belle Vue du Rhin. On remarque, sur Divers Plans, Plusieurs Maisons, & Fabriques; il y a, sur la Riviere, des Barques & Bateaux, chargés de Monde, de même que d'Autres Personnages, assis, ou debout, ou occupées au travail. On voit, sur la droite, le Ciel se couvrir & comme annonçant une Tempête, ou un Orage. Dans ce Tableau, le Ton & la Couleur sont admirables, de même que le Beau Fini & l'Effet de la Lumiere y est parfaitement ménagé. On peut dire, avec justice, que Cet Habile Maître mérite toute l'estime que les Connoisseurs font de ses Ouvrages.

SCHULZ.

SCHULZ.

No. 97. Un Pendant.

Ce Morceau, qui n'eſt pas moins Beau, que le Précédent, eſt auſſi très orné & repréſente une Autre Vue ſur le Rhin, où le Tout eſt Agréablement éclairé. Ces Deux Tableaux ont autant de mérite que Ceux de *H. Saftleven*, dans la Maniere duquel ils ſont peints.

TENIERS. (DAVID)

98. *Tableau, haut de 15, large de 21 pouces.*

L'Intérieur d'une Chambre, où l'on voit, vers la gauche, une Vieille qui file. On y remarque, de plus, Quelques Uſtenſiles de Payſans, comme des Pots à Lait de Cuivre, des Barils, des Seaux & d'Autres Acceſſoires. Plus loin, on diſtingue une Femme, avec un Petit Garçon, auprès du Feu. Ce Morceau eſt très bien peint & produit un Effet Admirable.

TENIERS. (DAVID)

No. 99. *Peint sur Bois, haut de 20, large de 28 pouces.*

Un Paysage, avec des Collines. On y voit, sur la gauche, devant une Auberge, un Paysan & une Paysanne, qui dansent au son de la Musette, dont un Homme joue. Il y a des Spectateurs, qui regardent, avec attention, ces Danseurs. Vers la droite, on remarque un Château, avec une Tour, environné d'Arbres Touffus. Ce Morceau est d'un Coloris Agréable & très Fini.

100. *Peint sur Bois, haut de 13½, large de 18 pouces.*

L'Intérieur d'une Maison de Paysan. On remarque, sur la gauche, un Tonneau à Biere sur lequel on distingue un Pot à Biere & une Terrine, avec du Feu. Il y a, tout auprès, un Paysan assis & endormi &, derriere lui, un Autre Paysan, qui charge sa Pipe & , sur la droite, on voit Deux Paysans, debout, auprès du Feu. Ce Morceau est d'une Touche Spirituelle.

VA-

VAGA. (PE'RIN DEL)

101. *Peint ſur Cuivre, haut de 6½, large de 5 pouces.*

Ce Petit Tableau repréſente une Sainte Famille. On y trouve réuni, dans l'exécution, la correction du Deſſein, le brillant du Coloris, qui, joints à la délicateſſe & au précieux fini du Pinceau, rendent ce Morceau digne de cet Auteur, à qui on l'attribue, lequel a été un des plus habiles Diſciples du Fameux *Raphaël.* Sur le devant, on voit l'Enfant Jéſus couché dans ſon Berceau qui prend toute la largeur du Tableau. Sa Tête repoſe ſur ſon Bras droit, dont on ne voit que le Poignet & une Partie de la Main. Son Drap, qui eſt très fin, & qui paroît être de Mouſſeline, laiſſe appercevoir une partie de ſon Corps, ainſi que ſon Bras gauche. Il y a, ſur le reſte du Corps, une Couverture richement brodée en or. Derriere le Berceau, on remarque la Sainte Vierge, debout & vue de face; elle a les Mains jointes, un peu élevées

&

& contemple, avec tendresse, l'Enfant Jésus. On voit, à la droite de ce Morceau, Saint Joseph qui contemple de même cet Enfant &, sur la gauche du Même Tableau, le Petit Saint Jean, tenant, de la Main gauche, son Bâton avec la Banderole; il a l'*Index* de la Main Droite, posé sur la Bouche; il semble, par-là indiquer le silence, afin de ne point troubler le repos du Petit Jésus. Les Draperies sont belles & richement rehaussées d'or, de même que les Rayons & les Cercles de Sainteté, qui sont autour des Têtes.

N.B. Ce Tableau est monté dans une très Belle Bordure Dorée, large de 3½ pouces. Le Tout est renfermé dans une Boîte de Bois Noir, à deux Battans, qui se ferment à Clef.

VELDE. (ADRIEN VAN DE)

No. 102. *Peint sur Toile, haut de 13, large de 17 pouces.*

Un Paysage. On y voit, sur le Devant, Une Vache qui boit dans un Ruisſeau & Une Autre, qui le traverſe. On remarque, de plus, dans ce Même Payſage, Quelques Autres Beſtiaux, dont les Uns ſont debout & les Autres couchés. Il regne, dans ce Tableau, beaucoup de vérité, quant à la Lumiere cauſée par l'Effet du Soleil.

VERMEULEN.

No.103. *Peint ſur Bois, haut de 6, large de 7½ pouces.*

Un Payſage très Agréable, bien orné & exécuté dans la Maniere de *Berghem.*

VERTANGE. (D.)

104. *Deux Payſages, faiſant Pendants, dont Chacun eſt haut de 12 pouces, ſur 14 de largeur.*

Ils ſont très joliment ornés. On y remarque des Nymphes au Bain &, au loin, Quelques Fabriques. Ces Morceaux ſont bien peints & finis.

VLIEGER. (SIMON DE)

No. 105. *Peint sur Toile, haut de 18, large de 22 pouces.*

Un Rivage de Mer, d'où l'on voit, par un Calme, Quelques Vaisseaux flottants & d'Autres arrêtés.

VICTOR. (JEAN)

*105. *Peint sur Toile, haut de 61, large de 87 pouces.*

On voit, dans ce Tableau Capital & d'une Belle Ordonnance, le Roi Assuërus, sur son Trône; entourré des Seigneurs de sa Cour, & la Reine Esther prosternée devant lui, dans l'attitude la plus humble. Ce Tableau, qui est vigoureusement peint & d'un bel effet, approche beaucoup de la Maniere de *Rembrandt*.

VLIEGER. (SIMON DE)

106. *Peint sur Toile, haut de 18, large de 22 pouces.*

Un Rivage de Mer, d'où l'on voit, par

 un

un Calme, Quelques Vaisseaux flottants & d'Autres arrêtes. Le Tout est représenté bien naturellement & peint dans la Maniere de *W. van de Velde.*

VLIEGER. (SIMON DE)

No. 107. *Peint sur Bois, haut de* 12, *large de* 17 *pouces.*

Une Mer Agitée. On y voit Divers Vaisseaux à la Voile. Morceau très bien traité.

VLIET. (H. VAN)

108. *Peint sur Toile, haut de* 30½, *large de* 27½ *pouces.*

Ce Morceau représente la Vue Intérieure d'une Eglise; elle est rendue au plus naturel. On y remarque un Fossoyeur, occupé à ouvrir une Fosse; on voit, auprès de lui, un Monsieur, avec lequel il paroît s'entretenir. Il y a, plus loin, Différents Personnages. Le Dégré & l'Effet de la Lumiere y sont parfaitement observés & le Tout y est rendu selon les Regles les plus exactes de la Perspective.

VRIES. (N. DE)

No. 109. *Peint ſur Toile, haut de 69, large de 54 pouces.*

La Vue d'une Campagne. Le Devant repréſente un Parterre bien orné de Différentes Fleurs &, de plus, on remarque Divers Inſectes. Sur le Second Plan, on voit la Maiſon, auprès de laquelle il y a Quelques Figures. Ce Morceau eſt peint vigoureuſement & d'une bonne couleur.

VRIES. (C. DE)

110. *Peint ſur Toile, haut de 42, large de 38 pouces.*

On voit, dans ce Payſage, entre des Arbres Touffus, un Bâtiment tombant en ruine. On y remarque, de plus, Deux Payſans. Ce Morceau eſt naturellement rendu & bien exécuté.

WERFF. (LE CHEVALIER VAN DER)

111. *Peint ſur Toile, haut de 19, large de 16 pouces.*

On voit, dans ce Morceau, le Portrait

de Pierre van der Werff, Frere de ce Chevalier. Il est représenté debout & vu de face, derriere une Balustrade, couverte d'un Tapis, sur laquelle il pose la Main Droite & il tient, de la Main Gauche, une Pallette & des Pinceaux; il y a, de plus, un Tableau sur le Chevalet & une Statue sur un Piédestal; on remarque, au bas de la Balustrade, un Bas-relief sculpté. Tout est bien représenté, dans ce Tableau, executé avec art, d'un beau Ton de Couleur & d'un Grand Fini.

WILLAARTS. (ADAM)

No. 112. *Peint sur Bois, haut de 25, large de 40 pouces.*

C'est une Vue, qui s'étend sur la Riviere du *Lek*. Il y a, sur la droite, Quelques Jachts & Autres Vaisseaux. On remarque, sur la Digue, Plusieurs Messieurs, à Cheval &, de plus, Quelques Gens, en fuite, que l'on suppose être des *Remontrans*. Ce Tableau est, dans toutes ses Parties, très bien & fort naturellement représenté.

WIT.

WIT. (DE)

No. 113. *Peint ſur Toile, haut de 40, large de 32 pouces.*

Un Village, vu de Nuit. On y promene, en chantant, l'Etoile des Rois. Il s'y trouve Divers Spectateurs. Ce Morceau eſt vigoureuſement peint.

WIT. (JACOB)

114. *Peint ſur Toile, haut de 17, large de 25½ pouces.*

Modele pour un Plafond, très joliment orné de Figures.

WOUWERMAN. (PHILIP)

115. *Peint ſur Bois, haut de 19, large de 25 pouces.*

Ce Superbe Tableau repréſente la Vue Intérieure d'une Ecurie. On remarque, au milieu, un Cheval Gris Pommelé, ſellé, que tient un Palfrenier, pendant que le Cavalier, qui doit le monter, eſt occupé à mettre ſes Bottes. On voit, plus loin, une

Dame, qui s'apprête à monter un Cheval Brun, que tient, de court, un Valet. On distingue, vers la gauche, trois Chevaux qui mangent au Ratelier & vers la droite, il y a un Cavalier sur un Cheval Gris, lequel semble s'entretenir avec un Ecuyer. A la Porte de l'Ecurie, paroît une Dame, montée sur un Cheval Bai, laquelle porte un Faucon sur le Poing; elle est accompagnée d'un Chasseur & d'un Chien. On apperçoit, plus loin, Deux Chevaux, à une Mangeoire & au de-là de l'Ecurie, un Beau Lointain. Ce Morceau, dans toutes ses Parties, est d'un fini précieux & l'on peut dire, avec vérité, qu'il ne le cede à aucun des Tableaux, qu'a faits cet Excellent Maître.

WOUWERMAN. (PHILIP)

No. 116. *Peint sur Bois, haut de 18, large de 24 pouces.*

Ce Morceau, qui ne le céde en rien au Précédent, représente, aussi, une Ecurie. Par la Porte de cette Ecurie, on remarque une Maison, où l'on voit une Femme appuyée sur le Dessous de la Porte de sa Maison;

ſon; elle ſemble s'entretenir avec une Autre. On diſtingue, de plus, un Monſieur, ſur un Cheval Brun, qui entre dans l'Ecurie, où l'on voit un Cheval Rouſſâtre s'éparer; ce que tâche d'arrêter l'Ecuyer, que l'on apperçoit, debout, derriere un Cheval Blanc ſellé, que tient un Palfrenier, tandis qu'un Monſieur, qui a un Genoux, poſé à terre, paroît occupé à raccommoder quelque choſe. Il y a, auprès, une Dame qui le regarde. On voit, derriere elle, Deux Chevaux ſellés & un Troiſieme, que ſelle un Palfrenier. Le Fond du Tableau ſe termine par un Bâtiment. La Correction du Deſſein, & le Beau Fini de cette Piece, où la Nature des Objets eſt auſſi agréablement, que parfaitement rendue, ne prouvent pas moins, dans ce Tableau, que dans le Précédent, les grands talents de cet Habile Artiſte.

N.B. Ces Deux Tableaux ont été donnés en préſent au Prince Eugene de Savoie par les Seigneurs Etats de Hollande. Ces Morceaux ont paſſé, depuis, dans Différents Cabinets Renommés.

WOUWERMAN. (PHILIP)

No. 117. *Peint ſur Toile, haut de 17½, large de 21 pouces.*

Un Départ pour la Chaſſe au Faucon. Le Fond du Tableau repréſente une Partie d'une Maiſon de Campagne, avec une Fontaine Jailliſſante. Sur le Devant, on remarque un Cheval Gris Pommelé, près duquel il y a un Monſieur, à qui l'on verſe un Verre de Vin, pendant qu'il ſe prépare à monter à Cheval. On remarque, à côté de lui, un Autre Monſieur auſſi à Cheval & qui tient, ſur le poing, un Faucon & de l'Autre côté, Une Dame, ſur un Cheval Brun, avec un pareil Oiſeau; elle eſt ſuivie de ſon Domeſtique, auſſi à Cheval & lequel donne du Cor. Sur la droite, On voit une Dame deſcendre le Perron de la Maiſon de Campagne; elle eſt ſuivi de Quelques Domeſtiques. Sur la gauche du Tableau, on diſtingue un Chaſſeur à Cheval, ſuivi d'un Fauconnier. Dans le Lointain, on apperçoit

çoit un Payſage, orné de Figures & de Beſtiaux. Grande Ordonnance bien terminée.

WOUWERMAN. (PHILIP)

No. 118. *Peint ſur Bois, haut de 14, large de 17½ pouces.*

Un Payſage, où l'on remarque, ſur la gauche, un Cheval, dans le Travail, & le Maréchal occupé à lui regarder dans la Bouche. On voit, plus loin, un Cheval Blanc, que l'on fere hors du Travail. On diſtingue, de plus, Deux Autres Chevaux & l'on découvre, dans le Lointain, la Porte d'une Ville. Ce Morceau eſt d'une Touche Spirituelle.

119. *Peint ſur Bois, haut de 10½, large de 12 pouces.*

La Vue d'une Prairie. On y voit un Cheval Blanc qui paît. Il y a, auprès de lui, un Homme, qui tient une Selle & un Monſieur, ſur un Cheval Tacheté &, de plus, Deux Chaſſeurs, avec Quelques Uſtenſiles pour la Chaſſe.

WOUWER-

WOUWERMAN. (PHILIP).

No.120. *Peint ſur Bois, haut de* 10, *large de* 12 *pouces.*

On remarque, dans un Payſage orné, un Homme, debout, à côté d'un Cheval. Joli Petit Tableau.

WYK. (THOMAS)

121. *Peint ſur Bois, haut de* 23½, *large de* 18 *pouces.*

Vue d'une Fortereſſe des Romains & de Quelques Autres Bâtiments. Sur le Devant, on remarque Différents Marchands, faiſant un Partage de leurs Marchandiſes. Ce Morceau eſt d'un beau choix de Clair-Obſcur & bien peint.

WYNANTS. (J.)

122. *Peint ſur Toile, haut de* 18, *large de* 23 *pouces.*

Un Agréable Payſage Montagneux. Il eſt très joliment orné de Diverſes Figures, vigoureusement peint & d'une Touche Légere.

No. 123. Le Pendant du Précédent.

C'est un Paysage orné de même & qui ne le cede point au Précédent.

Par DIFFE'RENTS MAITRES & QUELQUES ANONYMES.

No.124. *Un Tableau, peint sur Bois, haut de 12, large de 10 pouces.*

C'est le Portrait d'une Vieille, vue de Face & à mi-corps. Elle est coëffée dans le Goût Oriental & a le Corps couvert d'un Mantelet Fourré. Ce Morceau est peint par *Rembrandt*, ou de son Ecole.

125. *Peint sur Bois, haut de 18, large de 13½ pouces.*

Le Portrait d'un Moine, de l'Ordre de St. François. Il est représenté, en Capucin, dans une attitude de Contemplation. Ce

Ta-

Tableau est bien peint; le Ton de la Chair en est très Vigoureux & il approche beaucoup de la Maniere de *van Dyk*.

No. 126. *Peint sur Bois, haut de 21½, large de 17 pouces.*

Ce Morceau représente l'Annonciation des Anges aux Bergers, pour la Naissance du Sauveur à *Bethléem*. Il est très bien dessiné, d'un Coloris Large & Vigoureux & peint par *Abraham Bloemaert*.

127. *Peint sur Bois, haut de 23, large de 18 pouces.*

Un Paysage, avec de Hautes Montagnes. On y remarque, sur la droite, sous des Arbres, un Berger, avec Quelques Bestiaux & sur la gauche, un Vase Antique, sur un Piédestal, près duquel il y a un Berger & une Bergere, de même que Divers Autres Accessoires. Ce Morceau est joliment peint.

128. *Peint sur Bois, haut de 17, large de 27 pouces.*

C'est un Joli Paysage, où l'on voit, sur le De-

Devant, des Ouvriers prenant leur Repas. Vers la droite, ſur un Second Plan, on remarque un Chariôt, avec des Paſſagers, arrêté devant une Auberge. Ce Tableau eſt d'une Touche Spirituelle.

No. 129. *Un Tableau, haut de 22, large de 16 pouces.*

Il repréſente l'Intérieur d'un Appartement, où l'on remarque une Compagnie de Différentes Perſónnes qui jouent aux Cartes. Ce Morceau eſt peint dans la Maniere de *G. ter Burgh.*

130. *Peint ſur Bois, haut de 10, large de 8 pouces.*

L'Intérieur d'un Appartement, où l'on remarque un Vieillard & une Vieille, occupés à peſer de l'Argent. Ce Morceau, qui eſt d'une Touche Libre, eſt d'après *David Teniers.*

131. *Peint ſur Toile, haut de 39, large de 31 pouces.*

C'eſt un Payſage, où l'on remarque Deux

Coqs

Coqs & d'Autres Accessoires. Ce Morceau est d'une Touche Libre & d'après *Hondekoeter.*

No. 132. *Peint sur Toile, haut de* 14, *large de* 17 *pouces.*

Paysage Montagneux, joliment orné & très naturellement peint.

133. *Peint sur Toile, haut de* 52, *large de* 63 *pouces.*

Ce Tableau représente Jésus-Christ, debout, au milieu des Docteurs. Les Figures sont de grandeur naturelle. Le Tout en est vigoureusement peint. On y trouve cette Marque. J. R. *Anno* 1634.

134. *Peint sur Bois, haut de* 32, *large de* 38 *pouces.*

C'est un Paysage Montagneux très orné. On y voit Tobie avec l'Ange & d'Autres Figures. Ce Morceau est peint dans la Maniere de *Both* & très Agréable.

No. 135. *Peint ſur Bois, haut de 16, large de 21 pouces.*

Un Corps de Garde. On y voit, vers la droite, un Officier, aſſis près d'une Table, auquel un Bas-Officier fait voir une Carte de Géographie. Il y a, auprès, Quelques Autres Officiers, qui ſemblent l'examiner avec attention. Ce Morceau eſt d'un Coloris Agréable.

136. *Peint ſur Bois, haut de 21, large de 27 pouces.*

Un Payſage. On y voit Deux Petites Figures. Ce Morceau eſt joliment peint & très naturellement rendu.

137. Un Morceau peint ſur Bois. On y remarque un Vieillard qui fait des Gâteaux à la Poële, pour Deux Enfants qu'on voit, debout, auprès de lui & qui en mangent.

138. Portrait d'Homme. Il a la Tête couverte d'un Bonnet de Mézetin. Ce Morceau eſt vigoureuſement peint dans le Goût de *Rembrandt.*

No.139. *Peint sur Cuivre, haut de 8, large de 10 pouces.*

Un Paysage, dans lequel on remarque Tobie, accompagné de l'Ange. Ce Morceau est très terminé & peint par un Ancien Maître.

140. La Madelaine à la Lampe; elle est représentée en Dévotion. Ce Morceau est d'après *Schalke.*

141. La Vue d'un Rocher, où l'on remarque Trois Lions. Ce Tableau est vigoureusement peint.

142. Un Tableau représentant du Gibier Mort & Quelques Fruits. Il est peint vigoureusement sur Toile.

143. Le Portrait d'un Homme. Il est représenté debout, avec les Mains, peint de même que le Précédent.

144. Un Paysage Orné. On y remarque une Cicogne.

145. Deux Tableaux, de Forme Ronde, dont l'Un représente une Vénus & l'Autre Vulcain. Ces Morceaux sont vigoureusement peints.

No. 146. Deux Autres Tableaux, dont l'un représente Jésus-Christ & l'Autre, la Sainte Vierge.

147. Ce Morceau représente Saint Jean-Baptiste, au Désert.

148. Ce Tableau représente le Départ d'Abraham.

149. Ce Morceau, ou l'on voit des Oiseaux Morts, est très bien peint.

150. Un Champ de Bataille, bien peint.

151. Deux Morceaux, dont l'Un représente un Vieillard, avec Barbe &, dans l'Autre on voit des Oiseaux.

152. Trois Tableaux représentant des Fruits. Ils sont vigoureusement peints.

153. Deux Vues Intérieures de Maisons, très bien peintes sur Toile, par un Maître du Brabant.

154. Portrait d'Homme, qui a la Tête couverte d'un Bonnet, orné d'une Plume.

155. Cinq Morceaux. Ce sont des Portraits, en Buste. Ils sont vigoureusement peints par un Maître Vénitien.

156. Deux Morceaux Dessinés.

www.ingramcontent.com/pod-product-compliance
Ingram Content Group UK Ltd.
Pitfield, Milton Keynes, MK11 3LW, UK
UKHW022113170726
13837UKWH00003B/1183

9 782329 276045